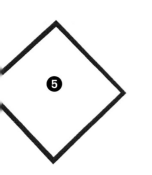

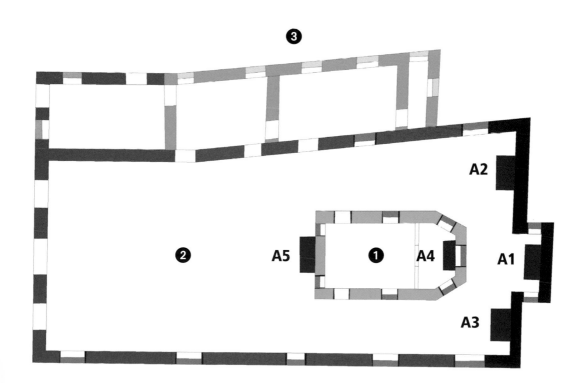

A2

A5   ❶   A4   A1

❷

A3

Birnau
am Bodensee

Basilika Unsere Liebe Frau

Ulrich Knapp

SCHNELL + STEINER

Inhalt

4	**Lage und Geschichte der Wallfahrt**
6	**Altbirnau**
11	**Birnau**
11	▪ Planungsgeschichte
18	▪ Die beteiligten Künstler und Handwerker
20	**Die Anlage**
26	**Die Ausstattung**
26	▪ Die Malerei
34	▪ Die Altäre
41	▪ Die Kanzel
41	▪ Die Galerie
41	▪ Der Kreuzweg
42	▪ Die weitere Ausstattung
42	▪ Die Orgel
42	▪ Die Uhren
44	▪ Verlorene Ausstattung
46	**Birnau als Wallfahrtskirche und Priorat**
47	**Birnau als Gesamtkunstwerk**
48	**Ausgewählte Literatur/Impressum**

Blick auf die
Wallfahrtskirche von
Südwest

Lage und Geschichte der Wallfahrt

Die Wallfahrt zur Birnau gilt als eine der ältesten Marienwallfahrten im Bodenseegebiet. Die heutige Wallfahrtskirche, auf einer Anhöhe oberhalb des Schlosses Maurach gelegen, geht auf einen Baubeschluss aus dem Jahr 1746 zurück, der zugleich eine Verlegung der Gnadenstätte beinhaltete. Diese befand sich ursprünglich auf einer Anhöhe nördlich von Nußdorf, die heute noch Altbirnau heißt. 1222 bestätigte Walter von Vaz die Übertragung von Gütern und Rechten durch ihn, seinen Bruder und beider Söhne an die Abtei Salem, darunter den Zehnten in »Biernowe«. 1227 stifteten Heinrich Tuwinger und seine Frau Adelheid den Schwestern »de Birnowe« einen Weinberg als Seelgerät. Die Schwestern zu Birnau waren wohl eine Beginengemeinschaft, die später auch in Oberstenweiler und Boos belegt ist. Sie gilt als Vorläufer des Gründungskonvents des 1240 gestifteten Zisterzienserinnenklosters Baindt. Vor 1241 hatte die Zisterzienserabtei Salem den Hof bei Birnau einschließlich der dortigen Kapelle von den Herren von Bodman erworben. Im Vergleich vom 5. Mai 1241 überließ Salem gegen 75 Mark Silber den Hof der Freien Reichsstadt Überlingen – auf heftiges Drängen von Seiten der Reichsstadt, wie es später in den Salemer Quellen heißt – zum Weidgang und übergab der Stadt den Hof, ausgenommen die Kapelle und die zugehörigen Güter, die der Klosterimmunität unterliegen würden. Mit diesem Verkauf war der Grund für die späteren, jahrhundertelangen Differenzen zwischen Salem und Überlingen und schließlich auch für die Verlegung der Wallfahrt gelegt. 1318 wurde zugunsten Salems in Avignon ein Ablassbrief für mehrere zum Kloster gehörende Kirchen ausgestellt, darunter die Wallfahrtskirchen Liebfrauenberg bei Bodman (Frauenbodman) und Birnau. 1354 ist der Weltpriester Hainrich Hesse in Birnau belegt. Mit der Bulle vom 27. März 1384 inkorporierte Papst Urban VI. die Wallfahrtskapelle mit allen Rechten und Zubehör der Zisterzienserabtei. Seit dieser Zeit, bis zu Aufhebung der Reichsabtei, versahen zumeist Salemer Konventualen den Priesterdienst zu Birnau. Im 14. Jahrhundert muss die Wallfahrt zur Birnau bereits eine gewisse Bedeutung erlangt haben. Das aus dem frühen 15. Jahrhundert stammende Gnadenbild legt einen starken Aufschwung der Wallfahrt in dieser Zeit nahe. Ein Indiz hierfür sind die Ablassbriefe aus den Jahren 1419 (von Papst Martin V.), 1442, 1451, 1452, 1456, 1471 und 1495, die wiederholt bestätigt wurden. Am 18. Juni 1489 stiftete Ludwig Bisenhahn (Bißhalm) aus Überlingen ein ewiges Licht in der Wallfahrtskirche. Kurz darauf, 1495 und 1513 erwiesen sich umfangreiche bauliche Erweiterungen als unabdingbar, die zu ersten schwerwiegenden Differenzen mit der freien Reichsstadt Überlingen führten.

Einen Eindruck vom Wallfahrtsgeschehen vermittelt eine Hintergrundszene auf Jakob Carl Stauders Porträt des Abtes Berthold II. Tutz (1358–1373). Ein Pilgerzug mit Fahnen nähert sich von Süden, d. h. von Nußdorf, der Kapelle.

Schriftliche Quellen zum Wallfahrtsgeschehen sind bislang erst aus dem 17. Jahrhundert bekannt. 1629 gilt die Birnauer Marienwallfahrt als berühmt und durch zahlreiche bemerkenswerte Wunder ausgezeichnet. Wunderberichte sind jedoch erst aus dem 17. Jahrhundert bekannt. Zumeist handelt es sich um die Heilung von schwerkrank oder mit starken Gebrechen geborenen Kindern oder die Belebung totgeborener Kinder. Auch wenn die schriftliche Überlieferung solcher Wunder erst spät einsetzt und zu der Wallfahrt vor dem Dreißigjährigen Krieg vieles im Dunkeln bleibt, so erinnern die Mirakelberichte über tot geborene Kinder, die wieder zum Leben erweckt wurden und dann mit dem Taufsakrament versehen starben an die bis zum Verbot 1528 blühende Wallfahrt von Oberbüren an der Aare. Zahlreiche Votivgaben sollen in Altbirnau Zeugnis von der florieren-

Das Birnauer Gnadenbild aus dem frühen 15. Jahrhundert

den Wallfahrt Zeugnis abgelegt haben. Auch die Anweisungen zu den Ämtern an den hohen Festtagen und die zahlreichen jährlich wiederkehrenden Prozessionen unterstreichen die Bedeutung der Birnauer Wallfahrt.

Dem Unterhalt der Wallfahrtskirche dienten Güter sowie Wald-, Feld-, Wiesen- und Rebflächen, die verpachtet wurden, wie der Erblehenhof »Birnauer« in Owingen. Seit 1595 bestand eine Personalunion zwischen der Kaplanei zu Birnau und der Kaplanei bei der Nikolauskapelle in Owingen, die seit 1486 zu Salem gehörte.

1695 wurde die Josephsbruderschaft zu Altbirnau gegründet, die sich regen Zuspruchs erfreute und 1707 bereits mehr als 8.000 Mitglieder zählte. Der Altar der Josephsbruderschaft war mit besonderen Privilegien versehen, die regelmäßig erneuert wurden. Darüber hinaus genossen die Mitglieder der Bruderschaft auch weitreichende Privilegien an den anderen Altären der Wallfahrtskirche. Im Februar 1762 hatte die Josephsbruderschaft 18.523 Mitglieder beiderlei Geschlechts. Der 1752 gegründeten Herz-Jesu-Bruderschaft an der Wallfahrtskirche gehörten zu diesem Zeitpunkt 906 Personen an.

Altbirnau

Die baulichen Anfänge der zu dem Hofgut Birnau gehörenden Kapelle sind bislang ungeklärt. Vielleicht hatte sich in der bis 1746 bestehenden Gnadenkapelle, einem kleinen Saalbau mit dreiseitigem Abschluss, Bausubstanz dieser Kapelle erhalten. Wohl spätestens im Zuge der Inkorporation der Kapelle nach Salem 1384 kam es zu einem Neubau. Mangels archäologischer Erkenntnis muss offen bleiben, ob die alte Gnadenka-

pelle nur nach Westen erweitert oder bereits komplett überbaut wurde. Ende des 15. Jahrhunderts erfuhr die Kapelle eine Erweiterung oder Umgestaltung, in deren Folge 1495 Altäre zu Ehren Johannes des Täufers und Johannes des Evangelisten sowie der hll. Benedikt und Bernhard geweiht wurden. Die Wallfahrt scheint weiterhin einen starken Aufschwung genommen zu haben: 1513 mussten die Gebäude abermals erweitert werden. Salem

erhielt dafür von der Reichsstadt Überlingen einen Kraut- und Baumgarten zur Verlängerung der Kirche und zum Bau eines Priesterhauses. In dem Vertrag wurde vereinbart, dass Salem bei zukünftigen Baumaßnahmen nicht über die nunmehr bestehenden Fundamente hinaus bauen dürfe. Dieser Baumaßnahme dürfte der regelmäßige Westteil der Kirche zuzuweisen sein mit dem Westgiebel, der einen mit Fialen und krabbenbesetzten Wimpergen gezierten zweijochigen Glockenträger trug. Dieser ist auf dem Plan von 1614 dokumentiert.

Für das Jahr 1592 ist eine Erweiterung des nördlich an die Kirche angebauten Kaplaneihauses belegt. Im Vertrag vom 9. Januar 1592 überlässt Salem der Stadt Überlingen etwas Land unter der Bedingung, dass auf Überlinger Grund kein Wirtshaus neben der Wallfahrtskirche erbaut werde. Bis 1594 waren die Baumaßnahmen abgeschlossen. Vielleicht aus diesem Anlass stiftete Domherr Konrad Waibel aus Breslau 1595 ein Antependium in die Wallfahrtskirche.

1614 wurde die Wallfahrtskirche nach Plänen des Überlinger Werkmeisters Hans Brielmayer (∞1583–1617) wiederum erweitert und modernisiert. Man verlängerte die Kirche nach Osten

und versah sie mit einem zusätzlichen Dachreiter über dem Chor. Die Wallfahrtskirche war ein leicht trapezoider Saalbau mit je fünf Fensterachsen an den Längsseiten. Die Nordwand der Kirche wich im östlichen Teil deutlich aus der Achse, so dass die Kirche im Osten breiter war als im Westen. Die gerade geschlossene Ostwand mit Staffelgiebel wies in der Mittelachse einen rechteckigen Chor auf. Die Längswände der Kirche sowie des Rechteckchors wurden durch hohe, wohl blankverglaste Rundbogenfenster belichtet; nach Osten wies der Bau liegende Ovalfenster über den Altären auf. Der kleine Rechteckchor war kreuzgratgewölbt; der Kirchensaal wurde von einer geknickten Holztonne überspannt, die bis unter die Kehlbalken des Dachwerks reichte. Spätestens jetzt war die alte Gnadenkapelle vollständig von der Wallfahrtskirche umschlossen, vergleichbar der alten Gnadenkapelle in Maria Einsiedeln. Im Zuge der Baumaßnahmen wurden auch Veränderungen an der Gnadenkapelle vorgenommen und die dortigen Türen und Fenster verändert.

Das Dachwerk schuf Zimmermeister Hans Hiltensperger; die Schreinerarbeit Schreinermeister Jacob Wezel. Die

Bildhauerarbeit für den Hochaltar und den Ölberg fertigte Melchior Binder (um 1550–1615). Die Ausmalung der Kirche besorgte Hans Winterlin.

Im Dreißigjährigen Krieg war Altbirnau wiederholt in höchster Gefahr. Am 26. Dezember 1643 wurden Wallfahrtskirche und Kaplaneihaus, ebenso wie die Dörfer Nußdorf und Deisendorf auf Befehl des französischen Stadtkommandanten von Überlingen Charles Christophe de Mazencourt Vicomte de Courval niedergebrannt, um eine Nutzung durch feindliche Truppen zu verhindern. Das Birnauer Gnadenbild war zuvor in Sicherheit gebracht worden; zunächst nach Salem und dann in die Kapelle des Salemer Pfleghofs in Konstanz, wo es bis zur Wiederherstellung der Wallfahrtskirche blieb.

1655 wurde die Kapelle unter der Leitung des Salemer Konversen Georg Buck wiederhergestellt. Zerstört waren die Dachwerke und von den Mauerkronen waren einzelne Steine herabgefallen. Die Steinmetzarbeiten führte Tobias Mayer aus Salem aus. Weiter waren Maurermeister Gebhard Holzinger und der Konstanzer Zimmermann Balthasar Hackenmüller an dem Wiederaufbau beteiligt. Für die Arbeiten an der Kirche mussten die Salemer Untertanen in Bermatingen Fronleistungen erbringen.

Den 1655/56 geschaffenen Zustand zeigen die Ansichten auf dem Altarblatt des Josephsaltars, auf dem Porträt des Abts Berthold II. Tutz und auf dem Porträt Abt Stephans II. (1745–1746). Der Glockenträger über dem Westgiebel war in zeitgenössischen Formen erneuert worden und auch der Dachreiter über dem Chor fiel deutlich größer aus als sein Vorgänger.

Die Schreinerarbeiten für die Ausstattung lieferte der Konversbruder Jacob Eckert. Für den Hochaltar fertigte Johann Christoph Storer 1656 das Altarblatt. Es zeigt die Himmelfahrt Mariens und befand sich bis 1790 in Birnau. Danach gelangte es als Schenkung an das Zisterzienserinnenkloster Rottenmünster und wurde in den Hochaltar der dortigen Klosterkirche eingesetzt.

Das gleichzeitig wiederhergestellte, an die Nordseite der Kirche angefügte Kaplaneihaus genügte rasch nicht mehr den Bedürfnissen der weiter florierenden Wallfahrt, so dass man zunächst 1669 einen Ersatz für das baufällige Wasch- und Backhaus schuf, ein neues Gebäude für das Vieh mit Stall und Tenne erbaute und schließlich auch das Kaplaneihaus erweiterte. Sowohl das Wasch- und Backhaus als auch das Nebengebäude lagen teilweise auf Überlinger Grund und bildeten den Anlass zu weiteren Kontroversen mit der Reichsstadt, die in der Folge 1681 den Bau eines Wirtshauses unmittelbar neben dem Nebengebäude gestattete. Der Betrieb des Überlinger Wirtshauses wurde von Salem als empfindliche Störung des Wallfahrtsbetriebs empfunden.

1690 erhielt die Wallfahrtskirche weitere Privilegien, die wohl in Zusammenhang mit den nun einsetzenden weiteren Ausstattungsarbeiten stehen. Ab 1693 erhielt die Kirche neue Altarretabel, so für die Altäre zu Ehren der hll. Joseph und Erasmus; der Hochaltar samt Tabernakel wurde 1693 von Johann Otto Einßlen neu gefasst, die Altäre zu Ehren der hll. Joseph, Erasmus und Bernhard 1698 von Anton Weber aus Meersburg. 1697 lieferte der Maler Franz Carl Stauder (um 1660/64–1714) die Altarbilder für den Erasmusaltar; die Altarbilder des Josephsaltars dürften kurz zuvor ebenfalls von Stauder geschaffen worden sein. Die Schreinerarbeiten an den Altären führte der Salemer Schreinermeister Benedikt Müller aus; die Bildhauerarbeiten Friedrich Bricius. Die neue Orgel stammte von Mattheus Abandin aus Ruchwil.

Die Kirche verfügte zu Beginn des 18. Jahrhunderts nach einem Inventar von 1714 über fünf Altäre: den Hochaltar Mariae Himmelfahrt, Altäre zu Ehren der hll. Joseph und Erasmus, ein weiteren Altar vor der Gnadenkapelle mit einer Holzskulptur der Mutter Gottes im Strahlenkranz sowie den Altar in der Gnadenkapelle mit dem wundertätigen Gnadenbild. Für letzteres listet das Inventar insgesamt 17 Gewänder auf.

In den 1720er Jahren bemühte sich Salem um eine Erneuerung der Wall-

fahrtskirche und des zugehörigen Kaplaneihauses. Zwar konnte die Abtei nach 1723 den durch das alte Waschhaus überbauten Überlinger Grund erwerben, doch scheiterten alle Planungen daran, dass die Neubauten eine größere Grundfläche einnehmen sollten, als es die alten Fundamente gestatteten, und Überlingen auf die Einhaltung der alten Verträge bestand. Auch die Erlaubnis des Konstanzer Fürstbischofs Damian Hugo von Schönborn (1740–1743), dessen Bauleiter am Umbau des neuen Schlosses in Meersburg, Leonhard Stahl, einen Neubauentwurf für die Wallfahrtskirche und das Kaplaneihaus vorlegte, vermochte daran nichts zu ändern. Da ein Ende der wegen Birnau geführten Prozesse vor dem Reichskammergericht nicht absehbar war, bereitete Salem unter größtmöglicher Geheimhaltung eine Verlegung der Wallfahrt auf Salemer Territorium vor, wo die Abtei selbst über die hohe und niedere Gerichtsbarkeit verfügte. Hierzu waren die Genehmigungen der weltlichen und der geistlichen Obrigkeiten einzuholen. Maßgeblich mit den Verhandlungen betraut war der damalige Novizenmeister und spätere Abt Anselm Schwab. Vom 13. Januar 1746 datiert seine Abhandlung zur Geschichte der Wallfahrt und ihren Privilegien. Unter Abt Stephan II. fiel innerhalb weniger Wochen die Entscheidung zur Verlegung der Wallfahrt und zum Bau einer neuen Wallfahrtskirche auf der Anhöhe oberhalb von Maurach, das Salem bereits 1155 von der Abtei Einsiedeln erworben hatte. Maurach bot für die Zisterzienserabtei einen ungehinderten Seezugang. Die ursprünglich hier bestehende Grangie wurde im Spätmittelalter in eine Hofmeisterei umgewandelt und spätestens seit dem 16. Jahrhundert befand sich hier ein Vorläufer des heutigen Schlosses. Archivalisch belegt sind neben der Kapelle ein Badhaus und ein großer Torkel. Zwischen 1722 und 1725 wurde das heutige Gebäude einschließlich der Gartenanlagen und der Seeterrasse nach Entwürfen des Salemer Maurermeisters Lorenz Rüscher errichtet. Von der bauzeitlichen Ausstattung sind heute noch die unter der Leitung von Dominikus Zimmermann geschaffenen Stuckaturen von Hans Köpf und Anton Lankmaier im Abtszimmer erhalten. In den 1730er Jahren erfolgte eine umfassende Umgestaltung der Raumausstattung, unter anderem mit einem Gemäldezyklus von Johann Georg Brueder und Stuckarbeiten Joseph Anton Feuchtmayers, sowie eine Erweiterung der Ökonomiegebäude. In unmittelbarer Nähe befanden sich zudem in westlicher Richtung das untere Fischerhaus mit einer eigenen Landestelle und östlich das obere Fischerhaus. Nördlich des ins Auge gefassten Bauplatzes lag zudem der Oberhof. Damit war hier eine Infrastruktur gegeben, die sowohl beim Neubau von Wallfahrtskirche und Priesterhaus als auch beim Wallfahrtsbetrieb von Nutzen sein konnte.

Unmittelbar nach Vorlage der Genehmigungen zur Verlegung der Wallfahrt wurde am 6. März 1746 das Gnadenbild in einer feierlichen Prozession von Altbirnau nach Salem überführt. Mit der Verlegung der Wallfahrt war die Genehmigung zur Entweihung der alten Wallfahrtskirche, deren vollständigem Abbruch und der Translation der Gebeine der dort Bestatteten verbunden. In der Folge wurden sämtliche Baulichkeiten zu Altbirnau unter Leitung von Lorenz Rüscher einschließlich der Fundamente abgebrochen. Da die Abbruchkosten unter den Aufwendungen für den Pfarrhofneubau in Bermatingen aufgeführt werden, kann vermutet werden, dass zumindest Teile des Abbruchmaterials beim dortigen Pfarrhofneubau verwendet wurden.

Birnau

Planungsgeschichte

Im Januar 1746 setzten die diplomatischen Aktivitäten zur Einholung der erforderlichen Genehmigungen zur Verlegung der Wallfahrt ein. Am 17. März 1746 fand in Salem eine Baukonferenz statt, bei der die grundlegenden Beschlüsse über den Neubau fielen. Hierzu hatte man von Seiten Salems verschiedene Entwürfe eingeholt, so von den Zwiefaltener Klosterbaumeistern Joseph Benedikt Schneider (1689–1763) und Hans Martin Schneider (1692–1768) und dem in Konstanz wohnenden Baumeister Peter Thumb (1681–1766) aus Bezau im Bregenzer Wald. Auch Entwürfe Joseph Anton Feuchtmayers (1696–1770) scheinen vorgelegen zu haben. Die Baukommission sprach sich für Peter Thumb als Baumeister aus, doch wurde dessen Projekt, an »welchem zwar an Schönheith und Kunst nichts aus zu sezen war«, als »gar zu weitschichtig und [...] prächtig« empfunden. Auch befürchtete man, bei einem so groß angelegten Bau könn-

ten sich die Brüder veranlasst sehen, in Birnau »die frische lufft« zu genießen. Die Pläne Thumbs, ebenso wie die Konkurrenzpläne, sind verschollen, doch erlaubt das Protokoll der Baukonferenz Rückschlüsse über das Projekt: Die genordete Wallfahrtskirche war in den Dimensionen des heute bestehenden Baus, in Details im Grund- und Aufriss jedoch abweichend geplant. Nach Süden schloss die Kirche mit einer eigenständigen Fassade und einem vom Sockel an ausgebildeten Mittelturm ab. Nach Westen und nach Osten waren langgestreckte Flügel mit Pavillons angefügt, die in der Länge insgesamt 26 Fensterachsen oder 13 Fensterachsen pro Seitenflügel aufwiesen. Diese dürften sich auf Verbindungsflügel mit zehn Achsen und Pavillons mit drei Achsen verteilt haben, doch wäre auch ein Verhältnis von 9:4 möglich. Peter Thumb wurde aufgegeben, das Projekt deutlich zu reduzieren, die Kirchenfassade und den Turm in die Fassade des Priesterhauses zu integrieren, dessen Ausdehnung auf elf Fensterach-

11

Entwurf von Peter
Thumb für die
Südfassade der
Wallfahrtskirche. Detail
aus dem Porträt Abt
Stephans II.

sen beschränkt wurde. Das von Gottfried Bernhard Göz (1708–1774) noch zu Lebzeiten begonnene Porträt des Abts zeigt einen Fassadenaufriss, der als das reduzierte Projekt Thumbs identifiziert werden kann. Charakteristisch sind dabei die wuchtige Zwiebelhaube des Turms und die umlaufende Balustrade am Fuß des freistehenden Turmaufsatzes, die an Thumbs Entwürfe für St. Peter aus den Jahren 1724–1727 erinnert.

Noch vor der Auftragsvergabe verstarb Abt Stephan II. Zu seinem Nachfolger wurde Anselm II. (1746–1778) gewählt, der als Novizenmeister maßgeblich an der Planung der Wallfahrtsverlegung beteiligt war. Dieser schloss am 17. Juni 1746 den bereits vorbereiteten Vertrag mit Thumb, annullierte diesen Vertrag aber kurz darauf durch den Vertrag vom 10. August 1746, in dem die Akkordsumme reduziert und Thumb verpflichtet

Peter Thumb,
Grundriss des zweiten
Obergeschosses von
Priesterhaus und
Wallfahrtskirche.
Vorentwurf

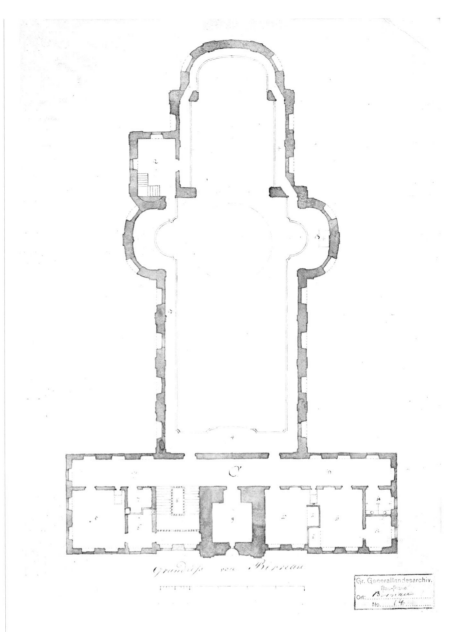

wurde, zugleich den Bau des Pfarrhofs in Bermatingen zu übernehmen. Auch formal äußerte Anselm Kritik an dem Entwurf Thumbs, der ihm »gar zu glatt« war; den Turmabschluss empfand er als »unartig«. Bei Unterzeichnung des neuen Vertrags scheinen wichtige gestalterische Details des Entwurfs noch offen gewesen zu sein, denn es bleibt ausdrücklich vorbehalten, dass dem Auftraggeber frei stehe, zu entscheiden, »das lang haus der

Kirch in oval form, den Chor aber mit einer Cuppel oder die ganze Kirch mit zwey Cuppeln, oder aber in anderer gestallt, nach besserer derer sachen befindung erbawen zu lassen.« Grundlage des Vertrags war ein heute verschollener gelb kolorierter Riss, nach dem in der Klosterschreinerei ein Modell angefertigt wurde, das im Dezember 1746 vorlag und auf dessen Basis der Bedarf an Baumaterial, insbesondere an Bauholz ermittelt wurde.

Die Vertragsformulierung legt nahe, dass zwar Grund- und Aufriss des Priesterhauses feststanden, beim Grundriss der Kirche jedoch noch mit Veränderungen zu rechnen sei. So erklärt sich auch, warum der Grundstein zum Priesterhaus bereits im August 1746 an dessen Südwestecke gelegt wurde, während an der Kirche erst mit fast einjähriger Verzögerung begonnen wurde.

In diesem Zusammenhang ist auf den einzigen bislang bekannten Grundriss zum Neubau aus der Planungsphase zu verweisen, einen rot kolorierten Grundriss des zweiten Obergeschosses, der einige charakteristische Unterschiede zum ausgeführten Bau aufweist: Kirchensaal und Presbyterium sind streng rechtwinklig angelegt, die Langhauskapellen schließen unmittelbar an das Presbyterium an und die Langhauskapellen und das Altarhaus des Hochaltars sind als gestelzte Halbellipsen angelegt. Die Galerie folgt streng den Außenmauern, erreicht aber im Bereich der Langhauskapellen eine beachtliche Breite. An den Raumeinziehungen stößt die Galerie jeweils stumpf auf die Querwände. In der Querachse der Langhauskapelle ist eine Kuppel geplant. Zusätzlich sind in dem Grundriss noch die Altarstellen skizziert: Mit dem Hochaltar sind hier insgesamt sieben Altarstellen vermerkt, wobei die Altäre des Presbyteriums jeweils mittig vor den Längswänden angeordnet sind. Die Kirche verfügt innen und außen über eine Pilastergliederung, ebenso die Südfassade des Turms, während am Priesterhaus keine Pilaster ausgewiesen sind.

Nach dem revidierten Vertrag konnte der Auftraggeber noch weitreichende Entscheidungen bei der Gestaltung der Kirche treffen, wobei offen bleibt, wer der Urheber der Entwürfe war. Besonders aufschlussreich ist, dass das Langhaus auch in »oval form« gebaut werden könne. Das Oval als Raumform thematisierten die Brüder Schneider in zahlreichen, zumeist unausgeführt gebliebenen Entwürfen. Die lange Zeit zwischen dem Vertragsabschluss und der Fertigstellung des Modells weist auf einen längeren Entscheidungsprozess hin. Dabei ist auch an

die gleichfalls verschollenen Entwürfe Joseph Anton Feuchtmayers zu denken, der zuvor in Bauten von Christian Wiedemann (1678–1739) und Johann Caspar Bagnato (1696–1757) gearbeitet hatte, die Gestaltungselemente aufweisen, die für den heutigen Innenraum der Wallfahrtskirche prägend sind. Christian Wiedemann hatte für Salem u. a. die Kapelle in Bachhaupten erbaut; Bagnato war ab 1750 an verschiedenen Projekten für Salem tätig und wurde von Joseph Anton Feuchtmayer ausdrücklich für das Projekt des Salemer Vierungsturms empfohlen, da: »H: Paniato Sich ain Ehr darvon machen [wird]. Und ist man versichert, das nit geht wie mit dem Mauracher [d. i. Birnauer] Turm«. Weiter führt Feuchtmayer aus, Bagnato verstehe »nit nur das machen, sondern auch die Verzierung ainer Sach das es wohl in das aug Komt, welches nit Jedem gegeben.« Die erhaltenen Entwürfe Feuchtmayers für Architekturdetails der Kirche legen nahe, in ihm neben dem Auftraggeber die treibende Kraft bei der Modifizierung des Thumbschen Entwurfs zu sehen.

Die Grundsteinlegung zur Wallfahrtskirche erfolgte schließlich am 11. Juni 1747 am Altarhaus. Der Bau schritt rasch voran, so dass der Rohbau 1748 unter Dach gebracht werden konnte. Da die Kirche – unter der Dachfläche – einen eigenen Westgiebel besitzt, konnte sie unabhängig von Turm und Priesterhaus empor geführt und mit einem eigenständigen Dachwerk versehen werden. Das Mauerwerk besteht zum überwiegenden Teil aus Backsteinen, die von den beiden Salemer Ziegeleien gefertigt wurden. Die Werksteine lieferten Leonhard Moosmann aus Bregenz und Jakob Keller aus Staad. Bereits 1748 wurde mit den Ausstattungsarbeiten in der Kirche begonnen, die bei der Weihe der Kirche jedoch noch nicht zum Abschluss gekommen waren.

Turm und Priesterhaus konnten weitgehend eigenständig erbaut werden. Dies gilt insbesondere für den Turm, der wie ein freistehender Turm konzipiert und mit Abstand zum Westabschluss der Kirche errichtet wurde. Das vollständig unterkellerte Priesterhaus fasst Turm und

Ansicht der
Wallfahrtskirche
von Nordwest

Kirche zusammen. Priesterhaus und Turm
erhielten 1749 ihre Dachwerke.

Im September 1750 fanden die mehr-
tägigen Feierlichkeiten anlässlich der
Weihe der Kirche statt. Am Abend des
19. September und den beiden folgenden
Abenden wurde der Turm der Wallfahrtskirche festlich illuminiert: An drei Seiten
waren der Namen Mariens mit Krone und
Zepter sowie der Schriftzug »reglnæ Coe-
LI, VIrgInI Delpararæ bIrnoVII, eXstrVXIt
anseLMVs« zu sehen.

Die Weihe vollzog am 20. September
der Konstanzer Weihbischof Franz Carl
Joseph Graf Fugger-Glött von Kirchberg und Weißenhorn (1708–1769). Es
folgten mehrere Festpredigten, die sich
den Themen des Bildprogramms der Kirche widmeten. Neben Abt Anselm II., in
dem man die maßgebliche Kraft bei der
Konzeption des Bildprogramms vermu-
ten darf, predigten Sebastian Sailer aus
Obermarchtal und der Konstanzer Dom-
prediger Joseph Vogelmayer SJ. Im Fall
von Sebastian Sailer ist belegt, dass Anselm II. detaillierte Vorgaben für die Pre-

digt formuliert hatte. Am zweiten Tag
wurde in der Kirche das Melodrama »De
arca in Sion« aufgeführt, für das eigens
vor dem Hochaltar eine Bühne in der Kirche aufgebaut wurde, die sich nach hinten zum Gnadenbild hin öffnen ließ. In
den folgenden Jahren wurde der Jahrtag
der Weihe regelmäßig mit Festpredigten
und Singspielen begangen.

Die Ausstattungsarbeiten an der Kirche fanden erst 1758 ihren vorläufigen
Abschluss. Die Verlegung der Wallfahrt
und der dadurch bedingte Neubau von
Wallfahrtskirche und Priesterhaus waren keineswegs von langer Hand geplant,
so dass auch die Finanzierung des Baus
nicht über längere Zeit vorbereitet werden konnte. Der Erwerb von Territorien
und Regalien belastete die Salemer Fi-
nanzen und auch die Bestätigungsgebüh-
ren für zwei Abtswahlen innerhalb eines
Jahres bürdeten dem Kloster ungewöhn-
liche Kosten auf, so dass die Abtei bei
dem Neubau auf zusätzliche Geldmittel
angewiesen war. Neben Spenden nahm
Salem auch Kredit auf, beispielsweise

Seite 16/17:
Deckenfresko über
dem Kirchensaal

bei der Fürstabtei St. Gallen, bei der man 1747 12.000 Gulden um 4 % Zins pro Jahr lieh.

Eine erste nachhaltige Umgestaltung erfuhren Kirche und Priesterhaus 1787–1790. Der Kirchenraum erhielt eine klassizistische Fassung durch Antonio Morisi, der zuvor bereits in Salem und Bermatingen tätig war. Die kräftige Marmorierung der Pilaster wurde durch eine zurückhaltende, helle, an Alabaster erinnernde Marmorierung ersetzt und auch die schmalen Wandfelder hinter den Stuckplastiken Johannes des Täufers und Johannes des Evangelisten erhielten eine solche Marmorierung. Am Hochaltar wurde an Stelle des alten Altarblattes von Johann Christoph Storer eine Rückwand aus Alabaster eingesetzt, vor der das nun unbekleidete Gnadenbild auf einem neuen Alabastersockel platziert wurde. Der alte Tabernakel des Hochaltars gelangte in die 1790 neu erbaute Kapelle in Tepfenhard. An seiner Stelle wurde auf dem beidseitig erweiterten Altartisch ein neuer Tabernakel von Johann Georg Wieland gesetzt. Aus den nicht mehr benötigten kostbaren Kleidern des Marienbildes wurden Messgewänder gefertigt.

Im Zuge der Säkularisation der Reichsabtei Salem kam Birnau in den Besitz der Markgrafen von Baden. Nachdem der Salemer Konvent 1804 aufgelöst wurde, wurde die Wallfahrtskirche zum 30. April 1808 geschlossen und das Gnadenbild nach Salem überführt. Ein Teil des Mobiliars kam nach Kirchberg. Vom Kircheninventar wurden 1808 die Glocken verkauft. Die vier größeren Glocken gelangten nach Wollerau (SZ), sind dort aber nicht mehr vorhanden. Das Gestühl kam in das Salemer Münster, das 1808 Pfarrkirche wurde; die Beichtstühle wurden auf die Pfarrkirchen Weildorf, Mimmenhausen und Seefelden verteilt. Die Orgel gelangte 1824 in die Pfarrkirche Altnau (TG). Schon 1810 war der Dachreiter über dem Chor abgetragen worden; 1832 wurde auch die nördlich des Presbyteriums angebaute Sakristei abgebrochen.

Bereits 1908 erfolgte eine erste Restaurierung der Deckengemälde durch Viktor Mezger aus Überlingen. 1919 verkaufte Prinz Max von Baden Birnau und Maurach an die Zisterzienser von Wettingen-Mehrerau, die in Birnau wieder ein Zisterzienserpriorat einrichteten. Am 20. November 1919 wurde die Wallfahrt zur Birnauer Gnadenmutter mit einem großen Gottesdienst wieder eröffnet. An der Kirche und dem Priesterhaus wurden erste Renovierungen vorgenommen: 1920 wurde der heutige Steinboden in der Kirche verlegt, bis 1923 das neue Mobiliar geschaffen und schließlich 1923 nördlich der Kirche eine neue Sakristei errichtet. 1935/36 wurden umfangreiche Sicherungsmaßnahmen an den Deckenbildern durchgeführt, vermutlich von V. Mezger, der bereits zuvor ein herabgestürztes Teil des südlichen Langhausfreskos ergänzt hatte. Mit einer Unterbrechung 1941–1945, als das Kloster durch die NS-Herrschaft aufgehoben war, leben seit 1919 wieder Zisterzienser in Birnau und versehen den Priesterdienst an der Wallfahrtsstätte.

1963 bis 1970 erfolgte eine für die damalige Zeit richtungweisende Restaurierung der Kirche. Im Inneren und am Außenbau wurde die durch Befunde erschlossene ältere Farbigkeit der Kirche rekonstruiert, wobei der größte Teil der Außenputze erneuert und auch im Inneren bei den Pilastern größere Bereiche ergänzt wurden. Nach Vollendung dieser Restaurierung erhob Papst Pius VI. die Wallfahrtskirche in den Rang einer Basilica minor. Bis 2004 erfolgte eine erneute Restaurierung und Neufassung der Fassaden von Priesterhaus und Turm.

◾ Die beteiligten Künstler und Handwerker

Die beteiligten Handwerker und Künstler sind durch die Quellen dokumentiert, doch blieben bei vielen Details offene Fragen, die in den Besonderheiten der Planungs- und Bauprozesse des 18. Jahrhunderts begründet sind. Auch im Falle des Neubaus der Wallfahrtskirche waren vom Auftraggeber Konkurrenzentwürfe eingeholt worden, die

die Rechnungseinträge als ausführender Baumeister gesichert, doch legt der revidierte Vertrag nahe, dass der Auftraggeber auch nach Vertragsabschluss noch auf die Gestaltung des Baukörpers Einfluss genommen hat. Thumb hatte auf seine Kosten die gesamte Maurerarbeit einschließlich des Verputzes, allerdings ohne Stuckatur, auszuführen, »die Kürchen und Chor auch unter der Gallery vollständig mit Holz zue gewelmen« sowie in gleicher Weise auch die Vouten im Priesterhaus herzustellen. Das erforderliche Baumaterial und das Werkzeug wurden vom Kloster gestellt, doch musste Thumb eine Kaution leisten und haftete sieben Jahre für mögliche Bauschäden. Erst 1750 erscheint Johann Caspar Bagnato in den Baurechnungen: Die an ihn bezahlte Summe betrifft Arbeiten des Zimmermanns Johannes Österle aus Altshausen, der regelmäßig für Bagnato arbeitete, sowie für einen eisernen Ofen und für Gips, die dieser für die Birnau beschaffte. Die Tätigkeit Österles betraf vor allem den Glockenstuhl des Hauptturms, der von dem Bregenzer Zimmermann Georg Michael Finckh geliefert worden war. Inwieweit gestalterische Ideen Bagnatos, mit dem Feuchtmayer wiederholt zusammengearbeitet hatte, in den Entwurfsprozess eingeflossen sind muss offen bleiben. Bemerkenswert bleiben Parallelen der Glockengeschosses und der Turmlaterne zu dem 1753–1756 nach Plänen Bagnatos ausgeführten Vierungsturm des Salemer Münsters. Die Dachwerke der Kirche und des Priesterhauses führte der Salemer Zimmermeister Hans Georg Bendele aus.

zwar als verschollen gelten, die aber, ähnlich wie bei anderen Großprojekten des Barock, mehr oder weniger in die Bauausführung eingeflossen sind. Im Falle der Architektur geben das Protokoll der Baukonferenz und die Änderungen an dem Vertrag mit Peter Thumb bereits wichtige Hinweise. Neben Peter Thumb, dem Schwiegersohn von Franz (II) Beer, der die Klosteranlage Salem nach dem Brand von 1697 wieder aufgebaut hat, sind die beiden Zwiefaltener Klosterbaumeister Joseph Benedikt und Hans Martin Schneider namentlich bekannt und auch Joseph Anton Feuchtmayer erhielt eine Vergütung für vorgelegte Architekturentwürfe. Peter Thumb ist durch die Verträge und

Für die Ausmalung der Wallfahrtskirche gab es eine vergleichbare Konkurrenz. Dies ist durch die Geldforderung des bei der Auftragsvergabe nicht berücksichtigten Thomas Christian Scheffler (1700–1762) aus Augsburg belegt. Aus dem Briefverkehr geht hervor, dass die um Entwürfe gebetenen Maler ein ausformuliertes Programm mit den vorgegebenen Bildthemen erhielten, nach dem sie ihre Entwürfe ausarbeiten sollten. Neben Gottfried Bernhard Göz und Thomas Christian Scheffler scheint sich auch

Johann Georg Bergmüller (1688–1762), dessen spätere Nachfrage nach Altarbildern abschlägig beschieden wurde, um Birnauer Aufträge beworben zu haben. Das Programm wurde in Salem konzipiert und es spricht viel dafür, in dem späteren Abt Anselm II. den maßgeblichen Autor dieses Programms zu sehen. Anselm II. nahm das Birnauer Gnadenbild in seinem Wappen als Zier auf, gab 1751 einen Tafelaufsatz mit einer Nachbildung des Birnauer Gnadenbildes bei dem Straßburger Goldschmied Johann Friedrich Baer in Auftrag und auch die Krümme seines Abtsstabs zeigt eine solche Nachbildung, die Ausdruck seiner engen Verbindung zu der Birnauer Wallfahrt ist. Bei den Weihefeierlichkeiten 1750 widmete sich Anselm II. in der ersten der drei Predigten ausführlich den Deckenbildern im Kirchensaal.

Gottfried Bernhard Göz wurde bei seinen Arbeiten in Birnau von seinen Gesellen Franz Anton Zeiller (1716–1793),

Schulz, Kohler und Silbermann sowie seinem Sohn Franz Regis unterstützt. Die Bildhauer- und Stuckarbeiten oblagen Joseph Anton Feuchtmayer und seiner Werkstatt. In Zusammenhang mit der Ausstattung der Birnau sind erstmals die Brüder Johann Georg Dirr (1723–1779) und Franz Anton Dirr (1724–1801) dokumentiert.

Die bis 1808 in Birnau vorhandenen Glocken fertigte 1749 der Bregenzer Glockengießer Gebhard Andreas a Porta. Vier Glocken hingen in dem großen Turm: die Dreifaltigkeitsglocke, die Magnusglocke, die Benediktsglocke und die Bernhardsglocke. Im Dachreiter über dem Chor befand sich die Josephsglocke. Für die Orgel lagen Entwürfe von Johann Adam Silbermann (1712–1783) und Johann Georg Aichgasser (1701–1767) vor. Im weiteren waren zahlreiche Salemer Handwerksmeister sowie Handwerker der näheren Umgebung in der Birnau tätig.

Die Anlage

Wallfahrtskirche und Priesterhaus bilden heute eine genordete T-förmige Anlage. Die Kirche wurde in den Grunddimensionen von dem ersten Entwurf Thumbs übernommen, bei dem Priesterhaus wurden die Pavillons bis an die Flucht der Kirchenlängswände zusammengeschoben und durch einen Zwischenbau vor der Westfassade der Kirche, der zugleich die Turmuntergeschosse einschloss, verbunden. Priesterhaus und Mittelturm bilden dabei eine auf den See hin ausgerichtete **Schaufassade** aus, die nach den Planungen von Feuchtmayer noch durch eine monumentale, vom Ufer ansteigende Freitreppe unterstrichen werden sollte. Etwa auf halber Höhe war eine runde Terrasse mit einem Brunnen und einer Josephsstatue geplant.

Der in die Südfassade integrierte **Turm** bildet einen architektonisch hervorgehobenen Mittelrisalit mit aufwendigem Portal, vergrößertem Fenster im

ersten und einer hohen Rundbogennische im zweiten Obergeschoss aus, in der die Sandsteinskulptur der Immaculata von Feuchtmayer steht. Der Mittelrisalit und die jeweils mit kolossalen Eckpilastern versehenen Pavillons schließen oben mit einem voll ausgebildeten Gebälk mit hohem Fries ab. Am Mittelrisalit löst sich oberhalb des Kranzgesimses der Turm aus dem Baukörper heraus, wobei erst das oktogonale Glockengeschoss von allen Seiten frei steht. Das erste Turmgeschoss reicht bis zur Firsthöhe des Kirchendachs und zeigt mit Ausnahme des Südfensters charakteristische Gestaltungselemente Peter Thumbs, während die Verdachung des Südfensters den Einfluss Feuchtmayers spüren lässt. Das zweite Turmgeschoss weicht markant vom Vorentwurf Thumbs ab. An Stelle der umlaufenden Balustrade sind nur kleine Balkone von den unteren Öffnungen ausgeführt (teilweise ergänzt). Vor den diagonal gestellten Pilastern

Das **Priesterhaus** beherbergte die Räume für den Abt mit großem Zimmer und einer Schlafkammer, Räume für insgesamt vier Priester, ein Refektorium, eine Küche mit anschließendem Speisegewölbe, eine Paramentenkammer und Räume für die Bediensteten.

Die ausgeführte **Kirche** ist als längsrechteckiger Saal mit seitlichen Kapellen konzipiert, an den sich nach Norden ein eingezogenes Presbyterium und schließlich ein nochmals eingezogenes hufeisenförmiges Altarhaus anschließen. Gegenüber dem erhaltenen Vorentwurf wurden die Langhauskapellen um eine Fensterachse nach Süden verschoben und die Raumgrenzen durch geschwungene Wandflächen verschliffen. Der Außenbau der Kirche wird durch kolossale ionische Pilaster gegliedert. Die in zwei Ebenen angeordneten Fenster sind durch die umlaufende Galerie im Inneren bedingt. Die von Feuchtmayer gestaltete Kolossalgliederung trägt ein voll ausgebildetes Gebälk, doch schwingen die Architrave über den Fenstern nach oben aus und greifen in die Frieszone ein, so dass der Eindruck einer umlaufenden Rundbogengliederung entsteht, die die gesamte Kirche umschließt. Diese spezifische Wandgestaltung geht auf einen Vorentwurf für den Neubau der Stiftskirche St. Gallen zurück, der Johann Michael (II) Beer zugeschrieben und um 1730 datiert wird. 1752 übernahm Peter Thumb bei seinen Entwürfen für die Stiftskirche St. Gallen die in Birnau vorgebildete Fassadengestaltung und die charakteristische Fensteranordnung.

Die Dächer über Kirche und Priesterhaus sind überaus differenziert gestaltet. Langhaus und Presbyterium der Kirche werden von Satteldächern mit zweifach liegenden Stühlen in zwei Ebenen überspannt. Ein doppeltes Hängewerk trägt die Decke des Kirchensaals, ein einfaches Hängewerk ist über dem Presbyterium eingebaut. Die Gewölbe sind als verputze Lattengewölbe ausgeführt, wobei die mit Bohlenbindern konstruierte Pendentifkuppel in den Dachraum eingreift. Spätestens seit 1936 wird die Kuppel durch eine Verschalung geschützt.

stehen niedrige Sockel, auf den nach Feuchtmayers Entwurf Büsten aufgestellt werden sollten. Der obere Turmabschluss nimmt gestalterische Motive des ab 1753 von Bagnato errichteten Vierungsturms des Salemer Münsters vorweg. In Zusammenhang mit den statischen Problemen beim Glockenstuhl und den Dachwerken der Turmhaube entstand ein bislang unbeachtet gebliebener Schnitt durch die Turmspitze.

Dachwerk über dem
Langhaus mit Blick
auf die Kuppel-
konstruktion über
dem Presbyterium

Altarhaus und die beiden Seitenkapellen des Kirchensaals werden durch gebrochene Dächer mit geschweiften Oberdächern ausgezeichnet. Zum besonderen Schmuck der Seitenkapellen zählen die geschmiedeten Firstaufsätze mit Marien- und Josephsmonogramm nach Entwürfen Joseph Anton Feuchtmayers. Die Monogramme sind vergoldet; die Helmstangen waren mit Zinnfolie (Stanniol) belegt. Die beiden Pavillons des Priesterhauses verfügen ebenfalls über gebrochene Dächer, wobei im Bereich der steilen Unterdächer ursprünglich noch Lukarnen angebracht waren, wie sie auf dem Fassadenplan in dem Porträt Abt Stephans II. abgebildet sind. Bei den gebrochenen Dächern der Langhauskapellen, des Altarhauses und den beiden Pavillons des Priesterhauses weisen die geschweiften Oberdächer Gebinde aus in Form gesägten Bohlen bzw. gebogenen Sparren auf. Die kurvierten und mit Kupfer bedeckten Helme des Mittelturms und der Laterne besitzen ebenfalls Dachwerke aus gebogenen Sparren bzw. in Form gesägten Bohlen.

Das aufwendig mit Bauskulptur geschmückte Portal der Südfassade öffnet sich in den nur über die Portalöffnung belichteten dämmrigen Vorraum unter dem Turm. Durchschreitet man diesen dunkleren Raum und den der Kirche vorgelagerten Gang, so gelangt man in den breitgelagerten, lichtdurchfluteten **Kirchensaal** mit seiner rhythmischen, auf den Hochaltar hinführenden Tiefenstaffelung. Die Abfolge unterschiedlich ausgebildeter Decken unterstreicht die zum Hochaltar hinführende Steigerung der architektonischen Form. Den Kirchensaal überspannt eine flache Decke mit breiter Voute und einschneidenden Stichkappen. Über dem Presbyterium erhebt sich eine flach gespannte, in den Dachraum hineinragende Pendentifkuppel; eine Hängekuppel über dem Altarhaus bildet den Abschluss der Raumfolge.

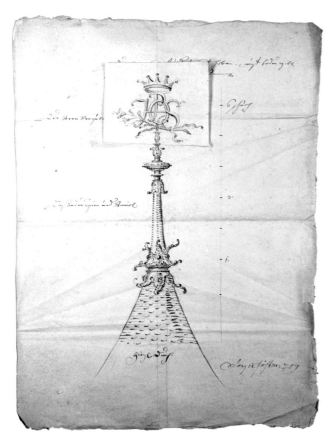

Dem Eintretenden erschließt sich so in Verbindung mit den illusionistischen Architekturdarstellungen der Deckenfresken eine Abfolge hochaufragender, teils offener, teils überwölbter Räume. Die verschliffenen Übergänge zwischen den Raumteilen, die teilweise verdeckten Fenster und die durchlaufende zweigeschossige Pilastergliederung mit Kapitellen von Feuchtmayer erwecken den Eindruck eines nicht fassbaren Raumkontinuums. Die Galerie mit ihrer durchbrochen gearbeiteter Brüstung umfasst den Raum und trägt wesentlich zu dieser Gesamtwirkung bei. Feuchtmayer hatte für die Pilaster eine Stuckmarmorverkleidung vorgeschlagen. Stattdessen erhielten die Pilaster eine gemalte Marmorierung von Gottfried Bernhard Göz, die gut mit der Architekturmalerei der Deckenfresken harmoniert haben dürfte. Die heutige Farbigkeit der Pilastergliederung ist eine Rekonstruktion der Restaurierung von 1963/70.

Wesentlichen Anteil an dem Erscheinungsbild des Innenraums haben Plastik und Malerei, wobei beide einer konsequenten Farbregie folgen. Rotbraune Farbtöne charakterisieren tektonische Strukturen bei den Altären und in der Malerei und evozieren so eine tragende Struktur für die Vielzahl miteinander verwobener szenischer Darstellungen. In der Plastik und vor allem bei den Skulpturen des Kreuzwegs differenzieren die unterschiedlichen Oberflächen und Fassungen mehrere Realitätsebenen. Bei den Deckenfresken erfolgt dies durch die Einbindung in die teils geschlossene, teils geöffnete Architekturmalerei.

Zu diesem Gesamteindruck tragen vor allem zwei Änderungen gegenüber dem erhaltenen Vorentwurf Thumbs bei: Zum einen wurden die Langhauskapellen von der Einschnürung zum Presbyterium um eine Fensterachse abgerückt, so dass die Raumerweiterung durch diese Kapellen deutlicher zur Geltung kommt. Zum anderen stößt die Galerie nicht mehr stumpf gegen die Trennwände an den Raumeinschnürungen zum Presbyterium und zum Altarraum, sondern umspielt die Außenwand bis zum Hochaltar. Die geringe Breite der Galerie in diesem Bereich belegt, dass dies aus gestalterischen Gründen erfolgte; dem Zugang bis zum Hochaltar dienen die Durchgänge an den Trennwänden. Der modifizierte Grundriss ist eng mit Thumbs zweitem Entwurf für die nicht erhaltene Wilhelmiterkirche in Mengen aus dem Jahr 1742 verwandt. Kein Vorbild im Œuvre Thumbs finden die geschwungenen Raumübergänge zum Presbyterium und zum Altarhaus sowie dessen hufeisenförmiger Grundriss. Hier können die verschollenen Entwürfe der Brüder Schneider aus Zwiefalten sowie Gestaltungsvorschläge Feuchtmayers wirksam geworden sein. Die umlaufende Galerie findet eine gewisse Parallele in den technisch ähnlich konstruierten Galerien barocker Bibliotheksäle, wobei die kurviert geführten Galerien in den von Thumb geplanten Bibliotheksälen von St. Peter und St. Gallen jünger sind als die Birnauer Galerie.

Die Ausstattung

Deckenfresko im Langhaus. Kranke und Gebrechliche erflehen die Hilfe Mariens. Im Vordergrund, mit gebrochenem Bein, der Maler Gottfried Bernhard Göz.

Die Malerei

Die in Freskotechnik ausgeführten Deckenbilder sowie die Bildfelder in den Lünetten, über den Fenstern und die Raumfassung schuf Gottfried Bernhard Göz mit seinen Gesellen. Er konnte sich hier gegen den ebenfalls aus Augsburg stammenden Thomas Christian Scheffler durchsetzen. Die einzelnen Szenen folgen einem in Salem ausgearbeiteten vielschichtigen Bildprogramm, in dessen Zentrum die Gottesmutter und insbesondere das Birnauer Gnadenbild steht, das ursprünglich auf dem Tabernakel des Hochaltars aufgestellt war.

Das Bildfeld der Decke des Kirchensaals wird durch einen gemalten Gurtbogen mit der Marienuhr in zwei Bildfelder geteilt. Im südlichen Bildfeld über der Orgel und der Musikempore erblickt man unter einer illusionistisch gemalten Kuppel mit weiten Lichtöffnungen musizierende Engel. Ein Teil des Freskos musste 1919 von Victor Mezger ergänzt werden. Im Zentrum des nördlichen Bildfeldes, dessen Architektur einen nach oben offenen Tambour zeigt, dessen südliche Hälfte über einen runden, die nördliche aber über einem rechteckigen Grundriss entwickelt ist, sieht man den Stern des Meeres (stella maris) als zentrales mariologisches Symbol. Unter ihm, nach Norden, ist Maria in Gestalt des Birnauer Gnadenbildes dargestellt. Abt Anselm II. widmete seine Predigt anlässlich der Weihe der Wallfahrtskirche dezidiert den Bildthemen dieses Freskos, wobei er Maria als neue Judith interpretiert und Birnau mit Bethulien gleichsetzt. Die Einzelmotive werden durch ein Zitat aus dem Buch Judith zusammengeführt: »Tu Gloria Jerusalem, Tu Laetitia Israel, Tu honorificentia populi nostri« – »du bist die Glory Jerusalems, du bist die Freud Israels, du bist die Ehre unsers Volcks«, wie An-

Deckenfresko im
Langhaus. Guntram
von Adelsreute, der
Stifter von Kloster
Salem, der hl. Bernhard
von Clairvaux und
Mathilde, die Tochter
des Klosterstifters

selm II. ausführt. Nach Süden hin, unter
dem Engel mit dem Schriftband »LAETI-
TIA ISRAEL« – Freude Israels – ist eine
Gruppe Hilfesuchender – Kranke, Blin-
de, Lahme, und mit gebrochenem Bein,
der Maler Gottfried Bernhard Göz, zu sehen, die sich um eine ältere Frau mit einem blassen Säugling mit verkrümmten
Gliedmaßen und einem Mädchen mit
Rosenkranz schart. Die zentrale Figurengruppe greift das Bildmotiv der Anna selbdritt auf und bezieht sich auf die
wundersame Rettung totgeweihter Kinder
nachdem diese der Muttergottes von Birnau »verlobt« worden sind, insbesondere
wohl des mit einem Buckel und krummen
Beinen gezeichneten Sohns der Euphrosi-
na Waiblin, der 1638 geheilt wurde. Anselm II. ging in seiner Weihepredigt dezidiert auf diese Wunderheilung ein und
nannte weitere Beispiele solcher Wunder,
die mit dem Birnauer Gnadenbild in Be-
ziehung gebracht werden. Die Putten seitlich der Figurengruppe, rechts mit einer
Sanduhr, links mit zwei Pfeilen gemahnen
die Bittsteller, ihre an Maria gerichteten
Bitten zur rechten Zeit vorzubringen.

Deutlich komplexer sind die Neben-
szenen im nördlichen Teil des Deckenbil-
des. In der Mittelachse wird die Abtei Salem, dargestellt durch einen Prospekt des
Klosters, ein Zisterzienser mit einer drei-
blütigen Rose für die drei Tochterklöster
Salems und die Äbte der 1749 noch bestehenden Tochterklöster Raitenhaslach
und Wettingen dem Himmlischen Jerusalem gegenübergestellt. Nach Norden, also
zum Chor hin schließt sich ein Bildpaar
an, das die Stiftung Salems durch Guntram von Adelsreute und den Bau von
Birnau zueinander in Bezug setzt. Neben Guntram von Adelsreute sind seine
Tochter Mathilde, Bernhard von Clairvaux mit den Arma Christi sowie Zisterzienser und Zisterzienserinnen zu sehen.
Auf der Ostseite befinden sich zu Seiten
eines Prospekts der neuen Wallfahrtskirche links der amtierende Abt Anselm II.
und rechts seine Vorgänger, die Äbte Stephan II. und Konstantin (1725–1745).
In der Person hinter diesen beiden kann
Abt Stephan I. Jung (1698–1725) gese-
hen werden, der Salem nach der Brand-
katastrophe von 1697 wiederaufbaute.

27

Deckenfresko im
Langhaus: Die Äbte
Konstantin,
Stephan II. und
Anselm II. (von
rechts nach links)
mit einer Ansicht
der neuen
Wallfahrtskirche.

Anselm II. verglich ihn in seiner Weihepredigt mit dem Salemer Klosterstifter
Guntram von Adelsreute.

Die flache **Pendentifkuppel** des Presbyteriums zeigt einen gemalten Tambour
mit einem kassettierten Gewölbe, dessen
Lichtöffnung (Opaion) von einer Sonnen-
darstellung eingenommen wird. Die Kas-
setten des Gewölbes, das im Gewölbe des
Pantheons (S. Maria ad Martyres) sein
Vorbild hat, sind mit sechsstrahligen Sternen geschmückt. Über dem Gurtbogen
zum Altarhaus schwebt Maria als apokalyptisches Weib auf einer von Engeln getragenen Wolke, mit der Sonne bekleidet,
den Mond unter ihren Füßen und mit Sternen bekränzt (Offb 12). Von dem Jesusknaben im Schoß Mariens geht ein Gnadenstrahl zu einem entflammten Herz, das
von einer weiblichen Gestalt, der »pulch-
ra Dilectio« – der schönen Liebe (Caritas)
gehalten wird. Von dem entflammten Herz
in ihrer Linken geht der Gnadenstrahl zu
einem von Putten getragenen Spiegel.
Die übrigen drei Hauptachsen der Kuppel
nehmen Darstellungen von »Timor« – Gottesfurcht im Westen, »Spes« – Hoffnung
im Süden und »Agnitio« – Erkenntnis
Gottes im Osten ein. An den Pendentifs

sind die vier Erdteile, Afrika im Südos-
ten, Amerika im Südwesten, Asien im
Nordwesten und Europa im Nordosten
verbildlicht, die Maria preisen. Die Orna-
mentfelder in den Lünetten sind mit acht-
strahligen Sternen geschmückt. Der acht-
strahlige Stern als Mariensymbol ist auch
bestimmendes Element eines Entwurfs zu
einem mehrfarbigen Fußboden für das
Presbyterium der Kirche.

Das Bild der **Hängekuppel im Altarhaus** ist zweizonig aufgebaut und
thematisiert Maria als die »bessere neu-
testamentarische« Esther, so Joseph
Vogelmayer in der dritten Predigt zur
Weihe der Wallfahrtskirche. Im unteren Bereich blickt man in einen Thron-
saal, darüber öffnet sich der Raum in
eine himmlische Sphäre. In dem Thron-
saal ist Esther zu sehen, die vor ih-
rem Gemahl, dem Perserkönig Ahasver
kniet und um Gnade für das Volk der
Juden fleht. In der parallel aufgebau-
ten Szene im Himmelsraum bittet Maria
kniend vor dem Auferstandenen für die
Zisterzienser, die hinter ihr zu sehen sind.
Die Szene illustriert eine Vision des
Seligen Wilhelm von Saint-Thierry. Die
Brokatflächen in den Feldern der Stich-

Seite 29:
Deckenfresko im
Presbyterium

Maria als apokalyptisches Weib und Mater pulchrae Dilectionis – Mutter der schönen Liebe. Detail aus dem Deckenfresko im Presbyterium

Timor – Gottesfurcht, Detail aus dem Deckenfresko im Presbyterium

Agnitio – Erkenntnis, Detail aus dem Deckenfresko im Presbyterium

Europa. Fresko am
nordwestlichen
Pendentif des
Presbyteriums

Afrika. Fresko am
südwestlichen
Pendentif des
Presbyteriums

Entwurf zu einem Bodenbelag im Presbyterium und dem Altarhaus

Fresko im Altarhaus. Esther vor Ahasver

kappen und die emblematischen Darstellungen in den Ornamentfeldern seitlich der Obergadenfenster sind ebenfalls in Bezug auf Maria zu sehen.

Alle Malereien in der Hauptachse der Kirche kulminieren in Maria als der Fürbitterin für die Gläubigen. Das Thema wird dabei einerseits auf Esther und Judith als Vorläuferinnen Mariens und andererseits auf das als wundertätig geltende Gnadenbild von Birnau ausgeweitet.

In einem anderen Kontext zu sehen sind die Darstellungen in den breiteren Stichkappen der **Langhausdeck**e im Bereich der Kapellenerweiterungen. Nach Osten hin ist die hl. Luitgard von Tongern († 1246), Nonne im Zisterzienserinnenkloster Aywières, die nach ihrer Erblindung Visionen hatte. In einer dieser Visionen tauschte der Gekreuzigte mit ihr das Herz. Ein Blutstrahl aus der

Seitenwunde trifft die Augen und die Stirn Luitgards als Zeichen dafür, dass sie zur Erkennenden wurde. Hinter Luitgard erblickt man Bernhard von Clairvaux, dessen Augen ebenfalls ein Strahl aus der Seitenwunde Christi benetzt. Die Vision Luitgards wird damit in die Nachfolge der Vision Bernhards gesetzt. Mit diesem Bild wird die östliche Kapelle mit dem **Erasmusaltar** ausgezeichnet. Nach Westen hin zeigt das Fresko in der Stichkappe den Tod Josephs. Der **Josephsaltar** dieser Kapelle war der mitgliederstarken Birnauer Josephsbruderschaft zugewiesen. Die Mitglieder der Bruderschaft genossen umfangreiche Privilegien.

Die Altäre

Die Wallfahrtskirche besitzt sieben Altäre aus der Werkstatt Feuchtmayers, von denen die beiden in den Langhauskapellen als Bruderschaftsaltäre anzusprechen sind. Die anderen fünf Altäre, in drei Ebenen gestaffelt, bilden ein auf das Gnadenbild konzentriertes Ensemble. Am Übergang vom Kirchensaal zum Presbyterium stehen die asymmetrischen Altäre der hll. Benedikt im Westen und Bernhard im Osten. Beide Altäre verfügen über Altarbilder von Gottfried Bernhard Göz. Am **Benediktsaltar** ist der Tod des Heiligen zu sehen, dessen Seele zum Himmel fährt. Der Putto seitlich des Altars hält ein Buch in Händen mit den ersten Worten

der Ordensregel des Heiligen: »Ausculta o fili« – Höre, oh Sohn. Das Altarbild des **Bernhardsaltars** zeigt die Lactatio des hl. Bernhard: Dem Heiligen, dem als Attribute die Arma Christi beigegeben sind, erschien die Gottesmutter und spendete ihm Milch aus ihrer Brust. Im Hintergrund sieht man eine zweite Marienvision des Heiligen in Dom zu Speyer: Maria grüßt Bernhard mit den Worten »Salve Bernarde«; Bernhard erwidert »Salve o Clemens« – ein Hinweis auf Bernhards Ergänzung zum Salve Regina: »O clemens, o pia, o dulcis virgo Maria«. Mit diesen Worten begann Abt Anselm II. seine Predigt anlässlich der Kirchweihe. Im Bildvordergrund halten Putten einen Bienenstock und einem Honigtopf, während

Am Übergang vom Presbyterium zum Altarhaus stehen die **Altäre Johannes des Täufers** (Westseite) und **Johannes des Evangelisten** (Ostseite). Die Altäre zeichnen sich durch ihren ungewöhnlichen Aufbau aus. An Stelle eines Retabels treten große Stuckplastiken auf Rocaillesockeln, die mit Reliquien versehen sind. Sie tragen rotbraune Sockelplatten für die figürlichen Gruppen. Bei beiden Altären treffen unterschiedliche Realitätsebenen aufeinander: Die mehrfarbigen Rocaillesockel mit Reliquien von Glaubenszeugen und naturalistisch gefassten Putten, darüber, durch die rotbraune Deckplatte abgegrenzt, die polierten Stuckplastiken der Heiligen mit ebenfalls weiß polierten Putten und vergoldeten Attributen. Johannes der Täufer verweist auf das Gnadenbild am Hochaltar; der Blick Johannes des Evangelisten auf die Mutter Gottes im Deckenbild.

Der über einem ellipsoiden Grundriss entwickelte **Hochaltar** nimmt das gesamte Altarhaus ein. Dreiteilige Stützengruppen aus kolossalen Säulen und Pfeilern tragen einen spiegelbesetzten Baldachin und einen Kronreif, der den isoliert stehenden Altartisch überfängt. Die Rückwand des Altars gibt den Blick frei auf den hinter dem Altar befindlichen Rahmen für das bis 1790 hier vorhandene Altarblatt mit der Himmelfahrt Mariens von Christoph Storer (1656), das von Altbirnau übernommen worden war. Der raumgreifende Altar gab damit den Blick frei auf ein Gemälde, das sich in die Himmelssphäre öffnet. Das Gnadenbild stand auf dem Tabernakel des freistehenden Altartisches, so dass sich auch hier wieder eine Steigerung vom wundertätigen Gnadenbild zur Himmelfahrt Mariens ergab. Seit der Umgestaltung des Altars nach Entwürfen von Johann Georg Wieland befindet sich das Altarblatt in der Klosterkirche Rottenmünster und der alte Tabernakel in der Kapelle in Tepfenhard. Der Altartisch wurde verbreitert und erhielt einen neuen Tabernakel, dessen Türchen ein Relief, Abigail und David, schmückt. Das Gnadenbild erhielt einen neuen Sockel und wurde zentral in der hinteren Öffnung des Hochaltars vor

Putto am Benediktsaltar mit dem Buch der Ordensregel

Bienen sich auf einem Manuskript niedergelassen haben. Dies bezieht sich wie der »Honigschlecker« seitlich des Retabels auf den hl. Bernhard von Clairvaux, den »doctor mellifluus«, dessen Rede süß wie Honig geklungen habe.

eine puttengeschmückten alabasternen
Rückwand platziert.

Seitlich des Altars stehen **Stuckplas-
tiken** der Eltern Johannes des Täufers,
Zacharias und Elisabeth, und Mariens,
Joachim und Anna. Sie gelten als Haupt-
werke der Stuckplastik Feuchtmayers.
Das **Gnadenbild** aus dem ersten Drittel

des 15. Jahrhunderts stammt nach der
älteren Forschung aus dem Salzkam-
mergut, während Michler eine Herkunft
aus Ulm vermutet. Es liegt nahe, einen
Zusammenhang mit der Förderung der
Wallfahrt durch Papst Martin V. zu sehen.
Das Gnadenbild erhielt 1750 anlässlich
der Translozierung von Salem in die neue

Hl. Joachim,
Vater Mariens,
Stuckplastik am
Hochaltar

HI. Zacharias,
Vater Johannes d.
Täufers, Stuckplastik
am Hochaltar

HI. Elisabeth,
Mutter Johannes d.
Täufers, Stuckplastik
am Hochaltar

HI. Anna,
Mutter Mariens,
Stuckplastik am
Hochaltar

Seite 38:
Hochaltar

Wallfahrtskirche eine neue Fassung von Carl Druefer aus Konstanz und Anton Greißing aus Überlingen. Im 18. Jahrhundert war das Gnadenbild mit kostbaren Gewändern bekleidet. Nach 1919 wurden durch die Gebrüder Mezger (Überlingen) Ergänzungen an der Skulpturengruppe nach dem 1708 im Apiarium Salemitanum veröffentlichten Stich vorgenommen und diese vollständig neu gefasst. Die vergoldete und mit Granaten besetzte Krone stammt aus dem Jahr 1735. Sie wurde von Franz Thaddäus Lang für das »Miraculose Marienbild an der Säul« im Salemer Münster geschaffen. 1919 wurde

die Krone an Stelle einer Bügelkrone aus der Zeit von Abt Peter II. Miller (1595–1614) angebracht.

Eine Sonderstellung nehmen die beiden Altäre in den Kapellen des Kirchensaals ein. Beide Altäre weichen formal von den übrigen ab und sind jeweils als Solitäre konzipiert. Der westliche Altar ist dem **hl. Joseph** geweiht. Das von Altbirnau übernommene Altarblatt von Franz Carl Stauder zeigt den hl. Joseph mit dem Jesusknaben und Maria (stark übermalt) auf einer von Engeln getragenen Wolkenbank, darüber Gottvater. Im unteren Bilddrittel sieht man die nach dem Drei-

Die Kanzel

Am westlichen Übergang vom Kirchensaal zum Presbyterium hängt die in Stuckmarmor gefertigte Kanzel Feuchtmayers. Am Sockelring des Kanzelkorbs erblickt man die Symbole der Evangelisten Markus, Matthäus und Lukas; der Adler, das Symbol des Evangelisten Johannes ziert den Schalldeckel der Kanzel. Der Kanzelkorb selbst ist mit Holzreliefs geschmückt, die exemplarisch Szenen der Verkündung des Evangeliums zeigen: die Predigt des Apostels Paulus auf dem Areopag, die Predigt des hl. Bernhard und die Predigt Johannes des Täufers. Die Puttengruppe auf dem Schalldeckel trägt Kelch, Kreuz und das Buch mit den sieben Siegeln.

Die Galerie

Die umlaufende Galerie ist mit Büsten und Vasen geschmückt. Jeweils im Scheitel der Langhauskapellen und im Bereich des Hochaltars ist die Brüstung unterbrochen und unterstreicht auf diese Weise die Lichtwirkung der großen blankverglasten Fenster. Am Übergang zum Altarhaus stehen die Büsten des Salvator an der Nordseite und der Mutter Gottes an der Südseite. Nach Westen hin folgen Büsten der zwölf Apostel, der Evangelisten sowie des Barnabas. Die Skulpturen wurden bis 1756 von Feuchtmayer unter Mitwirkung von Johann Georg und Franz Anton Dirr geschaffen.

Der Kreuzweg

Bis 1753 lieferte die Feuchtmayerwerkstatt auch 14 Kreuzwegstationen für die Kirche, von denen allerdings nur acht erhalten sind. Die verlorenen Stationsbilder befanden sich über den nach 1808 ausgebauten Beichtstühlen. Die Kreuzwegstationen sind jeweils als kleine Schaubühnen mit vollplastischen, naturalistisch gefassten Figuren konzipiert. Mit diesen erzählenden

ßigjährigen Krieg wiederhergestellte alte Wallfahrtskirche. Zu Seiten des Retabels stehen die expressiven Stuckplastiken der Märtyrer Stephan und Laurentius. Die bekrönende Holzskulptur des hl. Blasius wurde erst 1757 hinzugefügt. Der östliche Altar ist dem **hl. Erasmus von Antiocha**, dem Patron der Seefahrer, geweiht. Das ebenfalls aus Altbirnau übernommene Altarblatt von Franz Carl Stauder zeigt das Martyrium des Heiligen. Seitlich des Retabels stehen die Stuckplastiken der hll. Magnus und Leonhard. 1757 erhielt der Altar noch die bekrönende Holzskulptur des hl. Wendelin.

Handlungsbildern wurde eine weitere Realitätsebene in die Kirchenausstattung eingeführt, die dem Betrachter am nächsten steht. Jeder Station war ein Putto mit einem sprechenden Attribut zugeordnet. Erhalten sind die Stationen I – Ecce Homo, II – Christus wird das Kreuz aufgelegt, VI – Begegnung mit Veronika, VII – Christus fällt zum zweiten Mal, VIII – die weinenden Frauen, IX – Christus fällt zum dritten Mal, XIII – Beweinung, XIV – Grablegung. Von den ehemals 14 begleitenden Putten blieben zwölf erhalten.

Die weitere Ausstattung

Vor dem Abbruch von Altbirnau wurden die Gebeine der dort Bestatteten geborgen und umgebettet. Hieran erinnert an der Westwand des Presbyteriums das aus Altbirnau überführte Sandsteinepitaph für Maria Anna Catharina von Dürrheim († 1736). Die heutigen Beichtstühle, das Gestühl und die Schranke zum Presbyterium wurden anlässlich der Wiedereröffnung der Wallfahrtskirche 1920–23 neu geschaffen; für die Docken des Gestühls verwendete man das Holz des Mauracher Torkels von 1846.

Die Orgel

Die ursprüngliche Orgel fertigte der Überlinger Orgelmacher Johann Georg Aichgasser, der sich gegen Johann Jakob Silbermann durchsetzen konnte. 1824 wurde die Orgel nach Altnau (TG) verkauft, wo der leicht veränderte Prospekt Feuchtmayers bis heute erhalten ist. 1950 erhielt die Wallfahrtskirche eine neue Orgel von Xaver Mönch/Überlingen, die 1991 durch die heutige Orgel von Orgelbau Mönch KG/Überlingen ersetzt wurde. Die Orgel verfügt über 39 Register, 3 Manuale und ein Pedal mit mechanischer Traktur.

Die Uhren

Die Wallfahrtskirche erhielt ein großes mechanisches Uhrwerk, das vermutlich von dem Salemer Schlossermeister, dem Konversbruder Maurus Undersee, geschaffen wurde, der im Salemer Totenbuch als »faber automaticus peritissimus« bezeichnet wird. Das 1979 wiederhergestellte Uhrwerk versieht bis heute seinen Dienst. Es treibt die vier großen Uhren am Turm, die sog. Marienuhr an der Decke des Kirchensaals

Seite 43:
Gruppe der
weinenden Frauen.
Detail aus der VIII.
Kreuzwegstation

Verlorene Ausstattung

Nach der Schließung 1808 verlor die Wallfahrtskirche wichtige Teile ihrer Ausstattung. Das 1749/50 von Joseph Anton Feuchtmayer und seiner Werkstatt angefertigte Gestühl gelangte 1808 nach Salem. Der größte Teil des Gestühls befindet sich seitdem im dortigen Münster. Einzelne Docken wurden anderweitig genutzt. Heute befinden sich Einzelstücke im Badischen Landesmuseum. Zwei Docken des Gestühls tragen die Signaturen »Faicht« und »Dirr«. Einzelne Motive, wie der Löwe, das Wappentier Salems, verweisen auf die Abtei als Auftraggeber und Birnenzweige auf die Birnau. Die sechs Beichtstühle kamen, wenn auch teilweise beschädigt, in Pfarrkirchen der Umgebung. Je zwei von ihnen befinden sich in den Pfarrkirchen von Mimmenhausen, Seefelden und Weildorf. Wenige Fragmente der über den Beichtstühlen angebrachten Kreuzwegstationen sind museal überliefert. Die 1824 verkaufte Orgel Johann Georg Aichgassers gilt als verloren, doch hat sich der Prospekt aus der Werkstatt Feuchtmayers in der Pfarrkirche von Altnau (TG) erhalten.

Eine 1783 von Johann Georg Wieland für Birnau geschaffene und von Dominicus Moßher gefasste Skulpturengruppe Anna mit Maria befindet sich heute in der Kapelle des Schlosses Maurach. Der reiche, durch ein Inventar dokumentierte Kirchenschatz gilt als verloren.

sowie die Sonnenzeit- und die Monduhr an der Nordseite des Kirchensaals an. Die Uhrblätter der Sonnenzeit- und der Monduhr wurden in der Werkstatt Feuchtmayers geschaffen. Auch die großen Ziffernblätter der Turmuhren dürften auf Entwürfe Feuchtmayers zurückgehen, wobei das kleine Ziffernblatt der Ostseite erst nach 1949 ein deutlich größeres älteres Ziffernblatt ersetzt hat.

Orgelprospekt

Salvator Mundi,
Büste auf der
Galeriebrüstung

Mater Salvatoris,
Büste auf der
Galeriebrüstung

45

Gottesdienst in der
Wallfahrtskirche

reits ein älterer Balkon, der als Außenkan-
zel beim Wallfahrtsbetrieb genutzt werden konnte.

Nach der Weihe des Neubaus im September 1750 setzte die Wallfahrt zwar
wieder ein, scheint aber nicht mehr das
Ausmaß der früheren Zeiten erlangt zu
haben. Im Februar 1762 wurde eine Zwi-
schenbilanz gezogen, die Rückschlüsse
auf Umfang und Bedeutung der Wallfahrt
erlaubt: Von der Weihe bis zum 24. Februar 1762 wurden 20.388 Heilige Messen
in der Kirche gelesen und bis Jahresende
1761 hatte es 606 große Prozessionen zu
dem neuen Gnadenort gegeben. Aus über
30 Gemeinden aus dem Bodenseeraum
fanden regelmäßig ein oder mehrmals im
Jahr Prozessionen zum Birnauer Gnadenbild statt.

Im letzten Viertel des 18. Jahrhunderts scheint sich diese Entwicklung
nicht fortgesetzt zu haben. Die beginn-
ende Aufklärung und die Kirchenre-
form Kaiser Josephs I. (1764–1790), der
1783 das Wallfahrtswesen verbot, trugen
das ihre bei.

Nach der Wiederöffnung der Kirche
1919 lebte die Wallfahrt wieder auf und
erfreut sich bis heute großen Zuspruchs.

Der wesentliche Bestandteil der Wallfahrt ist das spätgotische Gnadenbild
»Mater Amabilis«, zu dem jedes Jahr
tausende Gläubige pilgern. Heute leben
Mönche aus der Abtei Wettingen-Mehrerau in Birnau und versehen die Wall-
fahrtsseelsorge.

D ie Wallfahrtskirche zu Altbirnau
entsprach mit den Gnadenkapelle, die vollständig von der Kirche
umschlossen wurde, einem weitverbrei-
teten Typus von Wallfahrtsorten, bei denen nicht nur das Gnadenbild, sondern
auch der Gnadenort in Szene gesetzt
wurden. Mit der Verlegung der Wallfahrt ging dieser örtliche Bezug verloren. Zentrum der Wallfahrt war nun al-
leine das Gnadenbild, für das eine neue
Hülle geschaffen wurde. Architektur und
Ausstattung spinnen dabei ein dichtes
Gehäuse für das Gnadenbild mit viel-
fältigen Bezügen in die Vergangenheit –

Detail
des Fronleich-
namteppichs

das Alte Testament – und die Nachfolge
Christi. Das Gnadenbild selbst bildet das
Zentrum der Kirche, nun nicht mehr in
der kleinen Gnadenkapelle, sondern aus-
gesetzt auf dem Tabernakel des Hochaltars und für jeden sichtbar.

Charakteristisch für eine Wallfahrtskirche ist die große, heute modern gestaltete Terrasse vor der Südfassade. Der
Balkon über dem Hauptportal ist zwar
modern, doch die große Fensteröffnung
ist alt. Nicht auszuschließen wäre hier be-

Birnau als Gesamtkunstwerk

Zisterzienser Äbte und Äbtissinnen und Birnauer Mönche der Mehrerauer Kongregation mit dem Abtpräses von Mehrerau

Die innerhalb kürzester Zeit vollkommen neu geplante und gebaute Wallfahrtskirche Birnau darf als eines der bedeutendsten Gesamtkunstwerke des süddeutschen Barock gelten. Architektur, Altar- und figürliche Ausstattung sowie Malerei sind hier in seltener Form miteinander zu einem Raumkontinuum verwoben, dessen Grenzen äußerst durchlässig erscheinen, sei es durch die oft verdeckten Lichtquellen, sei es durch die illusionistischen Raumerweiterungen. Die Komplexität der künstlerischen Durchbildung findet ihre Entsprechung in der Komplexität des theologischen und ikonographischen Programms der Kirche, das Maria als »Heil der Kranken«, »Zuflucht der Sünder«, »Trösterin der Betrübten« und »Helferin der Christen« zum Inhalt hat.

Die künstlerische Gestaltung setzte sich in der Außenanlage der Kirche fort. Bereits für Altbirnau wurde die prominente Lage über dem See und vor dem beeindruckenden Alpenpanorama hervorgehoben. Mit der Wahl des Plateaus oberhalb von Maurach und der Ausrichtung der Schaufassade zum Seeufer wurde diese Wirkung nachhaltig unterstrichen. Die vorhandene Infrastruktur der Zisterzienserabtei Salem mit Maurach, oberem und unterem Fischerhaus sowie dem Oberhof konnte dabei für die Wallfahrt genutzt werden. Die große Terrasse vor der Südfassade und deren seitlichen Zugänge, die von der nach Meersburg bzw. Überlingen führenden Chaussee zur Kirche emporführen, sind auf den Wallfahrtsbetrieb hin angelegt. Vor allem war aber die Fernwirkung der Kirche wohl kalkuliert.

Die Wallfahrts-
kirche von
Nordwesten

Ausgewählte Literatur

Bauer, H.: Der Inhalt der Fresken von Birnau, in: das münster 14, 1961, S. 324–333.
Bisemberger, M.: Maria in Neu-Buernau, Konstanz 1751.
Boeck, W.: Birnau am Bodensee, München 1950.
Brand, M.: Salem baut Neu-Birnau. Die Wallfahrtskirche zur Zeit ihrer Entstehung, Weimar 2012.
Brommer, H.: Die Birnau-Gnadenstätte am Bodensee, Straßburg 1998.
Ganz, D.: Gottesmutter und Honigschlecker. Klösterlicher Besitzanspruch und kulinarische Seherfahrung in der Wallfahrtskirche Neu-Birnau, in: Rahmen-Diskurse: Kultbilder im konfessionellen Zeitalter, Berlin 2004, S. 173–218.
Gubler, H. M.: Peter Thumb, Sigmaringen 1972.
Hamacher, M. R./Schnack, F.: Birnau. Die Wallfahrtskirche auf dem Hügel, Konstanz 1948.
Isphording, E.: Gottfried Bernhard Göz, Weißenhorn 1984.
Kalchthaler, P.: Neu-Birnau – Ausstattung und Programm, Freiburg 1984.

Klein, J.: Der Stern von Birnau, Überlingen 1923.
Klingen, St.: Von Birnau nach Salem. Der Übergang vom Rokoko zum Klassizismus in Architektur und Dekoration der südwestdeutschen Sakralkunst, Bonn 1999.
Knapp, U. Die Wallfahrtskirche Birnau. Planungs- und Baugeschichte, Friedrichshafen 1989.
Knapp, U.: Joseph Anton Feuchtmayer (1696–1770), Konstanz 1996.
Knoepfli, A.: Birnau am Bodensee, Königstein 1984.
Kramer, B.-M. (Hg.): Barockjuwel am Bodensee: 250 Jahre Wallfahrtskirche Birnau, Lindenberg 2000.
Michler, J.: Das Gnadenbild U. L. Frau zu Birnau, in: das münster 43, 1990, S. 141–150.
Möhrle, H.: Die Cistercienser-Propstei Birnau bei Überlingen am Bodensee, Überlingen 1920.
Schnell, H./Spahr, C.: Birnau am Bodensee (GKF 10), München 1981.

Impressum

Bibliografische Information der Deutschen Nationalbibliothek Die Deutsche Nationalbibliothek verzeichnet diese Publikation in der Deutschen Nationalbibliografie; detaillierte bibliografische Daten sind im Internet über http://dnb.d-nb.de abrufbar.

6., neubearbeitete Auflage 2015
ISBN 978-3-7954-3015-3

Diese Veröffentlichung bildet Band 10 in der Reihe »Große Kunstführer« unseres Verlages. Begründet von Dr. Hugo Schnell † und Dr. Johannes Steiner †.

© 2015 Verlag Schnell & Steiner GmbH, Leibnizstraße 13, D-93055 Regensburg, Telefon: (09 41) 7 87 85-0, Telefax: (09 41) 7 87 85-16

Druck: Erhardi Druck GmbH, Regensburg

Weitere Informationen zum Verlagsprogramm erhalten Sie unter:
www.schnell-und-steiner.de

Fotos: Ulrich Knapp, Leonberg; Nachsatz links unter Verwendung von Vorlagen von Hans Möhrle (1920) und E. W. Traub/Ravensburg; außer: S. 7 (G Birnau 23), 13 (G Birnau 14), 32 oben (G Birnau 16): Generallandesarchiv Karlsruhe; S. 46 unten, 47: Pater Prior Johannes Brügger

Umschlag vorn: Südfassade der Wallfahrtskirche
Umschlag hinten: Marienprozession, Gnadenbild

Birnau

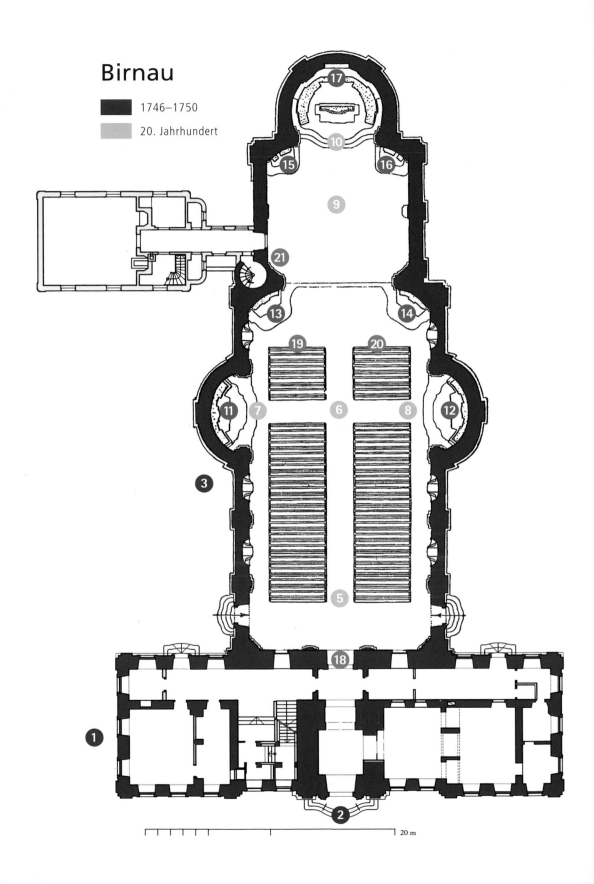

1746–1750

20. Jahrhundert

20 m